Mundo animal

con arte nativo del Noroeste del Pacífico

Animal World

with Northwest Coast Native Art

Mundo animal

con arte nativo del Noroeste del Pacífico

Animal World

with Northwest Coast Native Art

SCHOLASTIC INC.

nutria de mar
sea otter

ballena jorobada
humpback whale

pulpo
octopus

ganso
goose

pato
duck

martín pescador
kingfisher

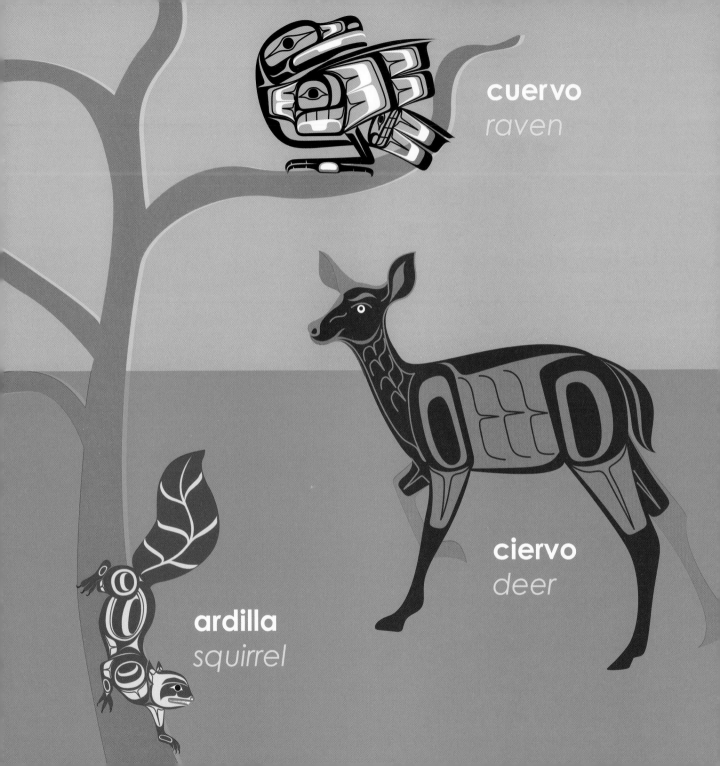

cuervo
raven

ciervo
deer

ardilla
squirrel

rana
frog

lobo
wolf

armiño
ermine

lechuza
owl

mapache
raccoon

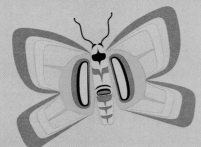

mariposa
butterfly

arrendajo azul
bluejay

oso
bear

delfín
dolphin

orca
orca

crab
cangrejo

libélula
dragonfly

salmón
salmon

pargo rojo
snapper

halcón
falcon

colibrí
hummingbird

ardilla rayada
chipmunk

conejo
bunny

murciélago
bat

puma
cougar

zorro
fox

foca
seal

halibut
halibut

águila
eagle

ratón
mouse

castor
beaver

tortuga
turtle

gaviota
seagull

cabra blanca
mountain goat

pájaro carpintero
woodpecker

alce
elk

zorrillo
skunk

Nutria de mar: La nutria de mar es un mamífero que vive en el mar, específicamente en el norte del Océano Pacífico.

Sea otter: The sea otter is a mammal that lives in the ocean, specifically in the North Pacific.

Ballena jorobada: La ballena jorobada es un mamífero enorme y se encuentra en todos los océanos del mundo.

Humpback whale: The humpback whale is an enormous mammal and it is found in all the oceans of the world.

Pulpo: El pulpo es famoso por tener ocho extremidades. Vive cerca de arrecifes de coral o en el fondo marino.

Octopus: The octopus is famous for its eight limbs. It lives near coral reefs or at the bottom of the ocean.

Ganso: El ganso es un ave con el cuello largo y un pico que suele ser de color anaranjado o rosado.

Goose: The goose is a bird with a long neck and a beak that's usually orange or pink.

Pato: El pato es un ave que vive gran parte de su vida flotando en ríos, lagos o estanques.

Duck: The duck is a bird that spends most of its life floating on ponds, lakes or rivers.

Martín pescador: El martín pescador es un ave muy colorida. Su pico largo y puntiagudo le sirve para cazar peces y otros animales.

Kingfisher: The kingfisher is a very colorful bird. It has a long and pointy beak for hunting fish and other animals.

Cuervo: Al cuervo se le reconoce por su plumaje negro. Es una de las aves más inteligentes.

Raven: The raven can be recognized by its black plumage. It's one of the smartest birds.

 Ciervo: El ciervo es un mamífero que se alimenta de plantas. Los ciervos suelen vivir en familia, liderados por una mamá.

Deer: The deer is a mammal that eats plants. Deer usually live together as a family, ruled by a mother.

 Ardilla: La ardilla es un roedor de cuerpo pequeño que tiene una esplendorosa cola. A las ardillas les gusta vivir en los bosques, saltando de árbol en árbol.

Squirrel: The squirrel is a small rodent with a magnificent tail. Squirrels like to live in forests, jumping from tree to tree.

 Lobo: El lobo es un mamífero carnívoro. Se parece a los perros domésticos, pero es más grande, más pesado y tiene los ojos amarillos.

Wolf: The wolf is a carnivorous mammal. The wolf looks like a dog, but it's bigger, heavier and has yellow eyes.

 Rana: La rana es un anfibio. O sea, puede vivir tanto en la tierra como en el agua.

Frog: The frog is an amphibian. It can live on land and in water.

 Armiño: El armiño es un mamífero carnívoro pequeño. Vive en madrigueras y se alimenta principalmente de roedores pequeños.

Ermine: The ermine is a small carnivorous mammal. It lives in burrows and eats mainly small rodents.

Lechuza: La lechuza es un ave rapaz. O sea, caza animales.
Casi siempre está despierta en las noches.

*Owl: The owl is a bird of prey, which means it hunts animals.
It is almost always awake at night.*

Mapache: El mapache es un mamífero de tamaño
mediano. Le gusta vivir en bosques, cerca de ríos.

*Raccoon: The raccoon is a medium-sized mammal.
It likes to live in forests near rivers.*

Mariposa: La mariposa es un insecto volador.
Hay miles y miles de mariposas diferentes.

*Butterfly: The butterfly is a flying insect. There are
thousands upon thousands of different kinds of butterflies.*

Arrendajo azul: Este pájaro es de color azul en la parte superior y
blanco en la parte inferior. Tiene una fabulosa cresta encima de la cabeza.

*Bluejay: This bird is blue on top and white below.
It has a wonderful crest on top of its head.*

Oso: El oso es un mamífero grande que come
plantas y animales. Hay muchas clases de osos.

*Bear: The bear is a large mammal that eats both
plants and animals. There are many kinds of bears.*

Delfín: El delfín vive en el mar y se alimenta de otros
animales. Los delfines son muy inteligentes.

*Dolphin: The dolphin lives in the ocean and
eats other animals. Dolphins are very smart.*

Orca: La orca es una especie de delfín, pero es mucho más grande y de color negro y blanco.

Orca: The orca is a kind of dolphin, but much larger and its color is black and white.

Cangrejo: El cangrejo tiene cinco pares de patas. Casi todos son buenos nadadores, y algunos pueden caminar en la tierra.

Crab: The crab has five pairs of legs. Most crabs are good swimmers, and some are able to walk on land.

Salmón: El salmón es un pez que se puede encontrar en todos los mares.

Salmon: Salmon is a fish that can be found in all the oceans.

Libélula: La libélula es un insecto de cuerpo largo y ojos muy grandes. Le gusta vivir cerca de lagos, ríos y pantanos.

Dragonfly: The dragonfly is a flying insect that has a long body and large eyes. It lives near lakes, rivers and swamps.

Pargo rojo: El pargo rojo es un pez muy conocido en América. Vive cerca de arrecifes de coral.

Snapper: Snapper is a very well-known fish in America. It lives near coral reefs.

Halcón: El halcón es un ave rapaz. Una especie de halcón, el peregrino, puede volar a más de 200 millas por hora.

Falcon: The falcon is a bird of prey. One kind, the peregrine falcon, can fly at more than 200 miles per hour.

Colibrí: El colibrí es un pájaro pequeño de vivos colores, que agita las alas muy rápido para mantenerse volando en el mismo sitio.

Hummingbird: It's a small bird with bright colors. It can flap its wings very fast in order to stay flying on the same spot.

Ardilla rayada: La ardilla rayada es un roedor que vive principalmente en Norteamérica.

Chipmunk: The chipmunk is a striped rodent that can be found mainly in North America.

Conejo: El conejo es un mamífero pequeño con un pelaje tupido, la cola corta y redonda y las orejas muy largas.

Bunny: The bunny is a small mammal that has thick fur, a short and round tail, and long ears.

Murciélago: El murciélago es un mamífero que puede volar. Se encuentra en casi todo el mundo. Los murciélagos duermen durante el día colgados boca abajo de sus patas.

Bat: The bat is a mammal that can fly. It can be found almost all over the world. Bats sleep during the day by hanging upside-down from their feet.

Puma: El puma es una especie de felino que solo vive en América. Suele andar solo y mantenerse despierto de noche.

Cougar: The cougar is a kind of cat that lives in America. It lives mostly alone and is active at night.

Zorro: El zorro es un mamífero de la misma familia de los lobos y los perros, pero suele ser más pequeño.

Fox: The fox is a mammal from the same family as wolves and dogs, but it is generally smaller in size.

Foca: La foca es un mamífero que vive casi todo el tiempo en el agua. Debajo de la piel tiene una gruesa capa de grasa que la ayuda a mantenerse caliente en aguas muy frías.

Seal: The seal is a mammal that spends most of its time in the water. It has a thick layer of grease under its skin that helps it keep warm in very cold water.

Halibut: El halibut es un pez plano que ha sido alimento de los humanos por mucho tiempo.

Halibut: The halibut is a flat fish that has been eaten by humans for a long time.

Águila: El águila es un ave rapaz. Las águilas son grandes y fuertes y pueden ver a mucha distancia.

Eagle: The eagle is a bird of prey. Eagles are big and strong. They can see from a long distance.

Ratón: El ratón es un roedor pequeño con orejas redondas y cola larga. Los ratones entran en las casas de los humanos en busca de comida y abrigo.

Mouse: The mouse is a small rodent with round ears and a long tail. Mice go inside people's houses searching for food and shelter.

Castor: El castor es un roedor grande. Está despierto de noche y pasa gran parte del tiempo en el agua.

Beaver: The beaver is a large rodent. It is active at night and spends most of the time in the water.

Tortuga: La tortuga es un reptil con un caparazón, en el que puede esconder la cabeza.

Turtle: The turtle is a reptile that has a shell, in which it can hide its head.

Gaviota: La gaviota es un ave más o menos grande. Puede ser de color blanco o gris y vive cerca de las costas.

Seagull: The seagull is a medium-sized bird. It can be white or gray, and it lives near coastal waters.

Cabra blanca: La cabra blanca es una cabra escaladora que vive en acantilados y picos nevados.

Mountain goat: The mountain goat is a rock-climbing goat that lives on cliffs and snowy peaks.

Pájaro carpintero: El pájaro carpintero es un pájaro que vive en el bosque. Caza insectos en los troncos de los árboles.

Woodpecker: The woodpecker is a bird that lives in forests, hunting insects on the trunks of trees.

Alce: El alce es uno de los cérvidos más grandes. Como otros tipos de cérvidos, se alimentan de plantas y hierbas.

Elk: The elk is one of the largest kinds of deer. Like other deer, they eat plants and herbs.

Zorrillo: El zorrillo es famoso por el líquido de muy mal olor que rocía para protegerse de osos y otros animales.

Skunk: The skunk is famous for the horribly smelling liquid it sprays to protect itself from bears and other animals.